받침 탐험대

놀이터에 놀러가요

이나인 지음

재단법인 파라다이스 복지재단은 기업이윤의 사회 환원을 통해 더불어 살아가는 사회를 구현하고 미래를 창조하기 위해 1994년 설립되었습니다.

장애인을 비롯한 소외계층의 어려움을 함께 나누고 보다 풍요로운 미래를 디자인 하겠다는 한결같은 열정으로 교육, 치료, 문화, 예술 등 다양한 영역의 복지사업을 수행하고 있습니다.

아이소리몰은 양질의 진단평가도구 및 교재교구 개발 및 보급하기 위해 파라다이스 복지재단의 수익사업으로 2002년 시작되었습니다.

www.isorimall.com

아이소리몰의 판매 수익금은 특수교육, 장애인 인식개선사업, 현장지원사업 등 파라다이스 복지재단의 다양한 사회복지사업에 수익금 전액이 환원되어 장애인 복지증진에 재사용 되고 있습니다.

 https://pf.kakao.com/_LnxlzK

 isorimall_official

 https://blog.naver.com/paradisewelfare3296

받침 탐험대

저자_이다원

- 한림대학교 언어병리학 전공, 청각학 부전공
- 이화여자대학교 언어병리학 석사 / 1급 언어재활사

+

https://www.instagram.com/slp_dw/

https://blog.naver.com/slp_dw

우리는 자신에게 필요한 정보를 얻고 전달하기 위해 읽기 · 쓰기 능력을 사용합니다.

이러한 읽기 · 쓰기 능력은 교과목 학업성취에도 필수적입니다.

읽기 · 쓰기에 어려움을 보이는 아동은 전반적인 학업성취에 어려움을 겪습니다.

임상에서 읽기 · 쓰기 수업을 할 때 느낀 가장 큰 걸림돌은 아동의 좌절입니다.

읽거나 쓸 수 있는 받침은 한두 개뿐인데 책이나 학습자료에는 너무나도 많은 받침이 쏟아져 나옵니다.

아이들은 읽고 쓰는 것에 점점 흥미를 잃어버리는 모습을 보며 마음이 아팠습니다.

'받침 탐험대'시리즈는 받침을 처음 배우기 시작한 아이들도 동화책 한 권을 스스로 읽는 재미를

느끼게 하고 싶어서 개발하였습니다. 한 개의 받침만 알아도 이야기를 읽고 쓰며

자신만의 동화책을 만드는 경험을 할 수 있습니다.

'받침 탐험대'시리즈는 읽기 · 쓰기 발달과정을 고려하여 동화책과 워크북을 구성하였습니다.

아이들은 교재 속 음가 학습, 음소 인지, 음소 생략 · 첨가, 읽기 유창성, 덩이글 이해력 증진(짧은 독해),

따라 쓰기, 받아쓰기 활동을 통해 자기주도적인 읽기 · 쓰기를 경험할 수 있습니다.

스스로 무엇인가를 한다는 것은 아주 뜻깊은 일입니다. 아이가 스스로 세상에 내뱉은 첫 낱말,

스스로 내디딘 첫 걸음은 배우 뜻깊고 기쁜 순간입니다.

본 교재를 통해 아이들이 스스로 책을 읽고 쓰는 기쁨을 접하길 바랍니다.

2024. 04

이 다 원

구성 및 지도방법

1. 음운 인식

1-1) 음소인지

- 단어 속에서 받침을 인지하고 있는지 확인합니다.
- 인지에 어려움을 보이는 경우 받침 부분만 길게 소리 내어 들려줍니다.
- 소리로만 인지하는 것이 어렵다면, 목표 받침이 포함되는 음절을 찾아 표시하도록 지도합니다.

1-2) 음소첨가

- 목표 받침을 단어 속에서 첨가할 수 있는지 확인합니다.

1-3) 음소생략

- 목표 받침을 단어 속에서 생략할 수 있는지 확인합니다.

1-4) 복습하기

- 목표 받침을 단어 속에서 첨가 또는 생략할 수 있는지 확인합니다.

2. 읽기

2-1) 단어 고르기

- 동화 속 목표 받침이 포함된 단어와, 이상한 단어를 함께 읽도록 지도합니다.
- 이상한 단어(무의미 단어)를 정확하게 읽는지 확인합니다.
- 아동이 스스로 정확하게 적힌 낱말을 고를 수 있게 지도합니다.

2-2) 유창하게 읽기

- 반복적으로 읽으며 시간을 재도록 합니다.
- 단어 사이를 끊어 읽는 등의 오류를 보이면 빗금(/) 표시를 해주어 유창하게 읽도록 지도합니다.

2-3) 짧은 독해

- 덩이글 이해를 통해 단순히 소리 내어 읽는 것을 넘어 글의 의미를 이해하고 있는지 확인합니다.
- 문제에는 목표 받침 이외의 받침도 포함되어 있기 때문에, 지도하실 때 문제를 읽어주시면 좋습니다.

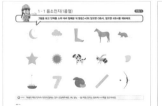

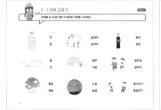

3. 쓰기

- 목표 글자를 반복적으로 쓰고 읽도록 지도합니다.
- 빈칸 채우기나 받아쓰기의 경우 지도자가 동화책을 읽어주고
  아이가 따라 쓰도록 합니다.

4. 쉬어가기

- 총 5개의 쉬어가기 페이지가 있습니다. 목표 받침을 심화 학습하거나,
  동화와 관련 있는 활동으로 구성되어 있습니다.
- 각각의 쉬어가기 페이지에서 얻은 단서로 '전설의 한글약'을 만드는
  재료를 얻을 수 있습니다.

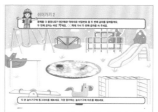

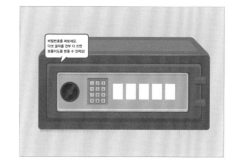

받침
탐험대

놀이터에 놀러가요

안녕? 반가워!

받침탐험대에 온 것을 환영해!

보물 지도 속 재료를 모두 모으면

'전설의 한글 약'을 만들 수 있어.

'전설의 한글 약'을 먹으면 어떤 글자를 만나더라도

전부 읽고 쓸 수 있게 된대!

그럼 우리 함께 재료를 찾으러 떠나볼까?

워크북 속 쉬어가기 페이지를 완성한 뒤 103쪽에 있는 금고에 비밀번호를 쓰게 해주세요.
비밀번호가 완성되면 '놀이터에 놀러가요' 동화책 63쪽에 있는 조각을 학생에게 제공해 주세요.

목차

1. 음운 인식

1-1.	음소인지	9
1-2.	음소첨가	13
1-3.	음소생략	14
1-4.	복습하기	15
	쉬어가기 1	16

2. 읽기

2-1.	단어 고르기	19
2-2.	유창하게 읽기	20
2-3.	짧은 독해	22
	쉬어가기 2	33

3. 쓰기

3-1.	단어 쓰기	36
3-2.	따라 쓰기	38
	쉬어가기 3	59
3-3.	빈칸 채우기	60
	쉬어가기 4	81
3-4.	받아쓰기	82
	쉬어가기 5	101

받침 ㄹ

1 음운 인식

1-1. 음소인지

1-2. 음소첨가

1-3. 음소생략

1-4. 복습하기

1-1 음소인지(1음절)

그림을 보고 단어를 소리 내서 말해본 뒤 받침[ㄹ]이 있으면 O표시, 없으면 X표시를 해보세요.

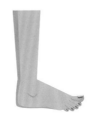

 TIPS!
1. 학생이 목표 단어와 다르게 말하는 경우 교정해주세요.(예. 달님 → 달)
2. 목표 단어는 '놀이터에 놀러가요' 동화책 10쪽을 참고하세요.

1-1 음소인지(1음절)

앞에서 찾은 받침[ㄹ]이 들어가는 단어를 써보세요.

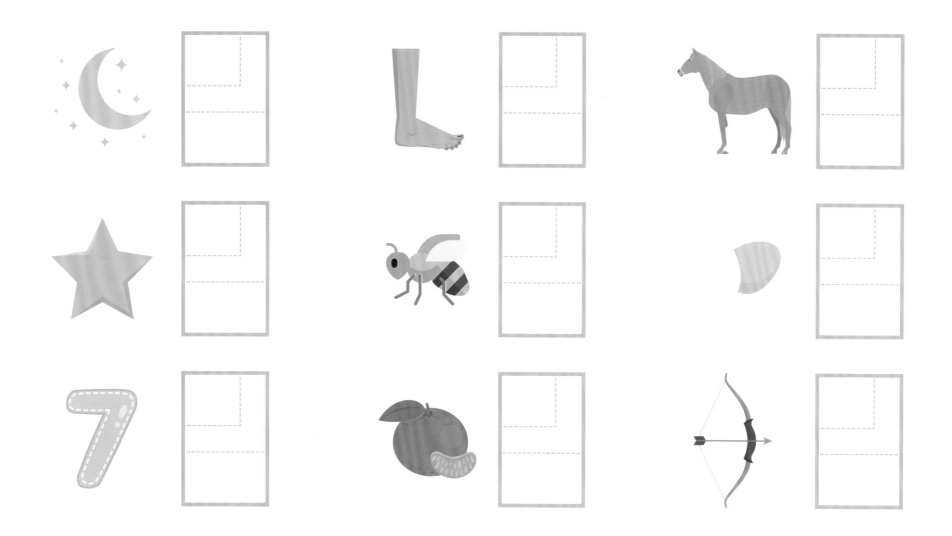

1-1 음소인지(2음절)

그림을 보고 단어를 소리 내서 말해본 뒤 받침[ㄹ]이 있으면 O표시, 없으면 X표시를 해보세요.

1-1 음소인지(2음절)

앞에서 찾은 받침[ㄹ]이 들어가는 단어를 써보세요.

1-2 음소첨가

그림을 보고 받침[ㄹ] 소리를 더하면 어떤 소리가 되는지 찾아보세요.

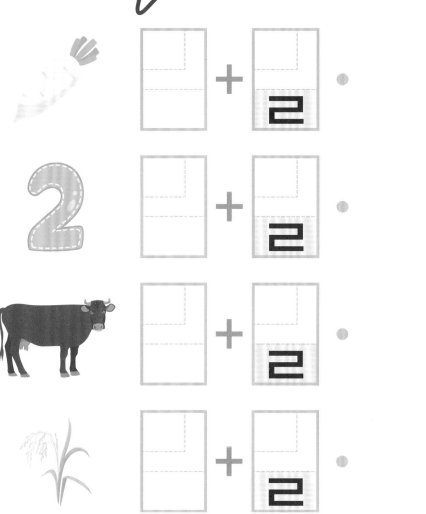

1-3 음소생략

그림을 보고 받침[ㄹ] 소리를 빼면 어떤 소리가 되는지 찾아보세요.

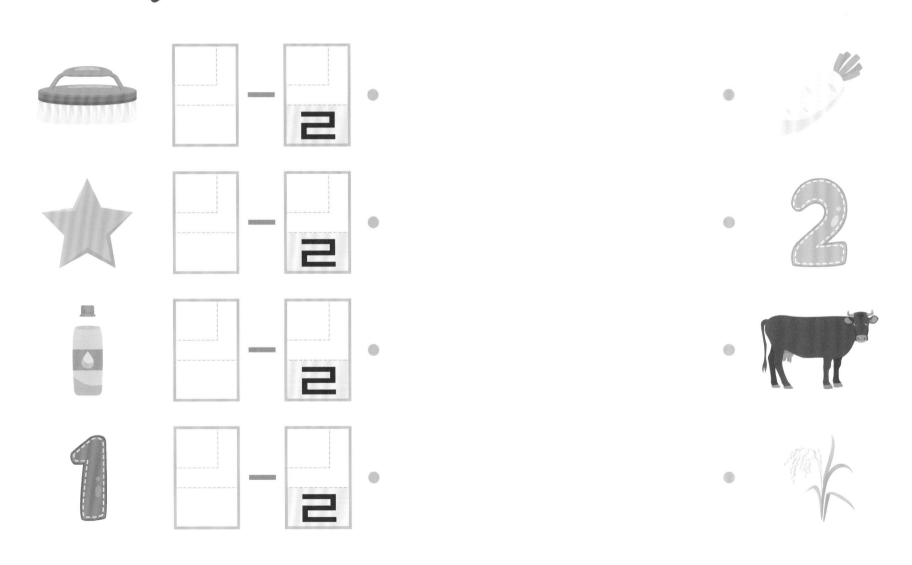

1-4 복습하기

낱말을 듣고 받침[ㄹ] 소리를 더하거나 빼면 어떤 소리가 되는지 말해보세요.

구분	들려주는 문항	정답	학생 반응
1	'도'에다가 /을/소리를 더하면?	돌	
2	'푸'에다가 /을/소리를 더하면?	풀	
3	'카'에다가 /을/소리를 더하면?	칼	
4	'부'에다가 /을/소리를 더하면?	불	
5	'기'에다가 /을/소리를 더하면?	길	
6	'팔'에서 /을/소리를 빼면?	파	
7	'볼'에서 /을/소리를 빼면?	보	
8	'뿔'에서 /올/소리를 빼면?	뿌	
9	'교실'에서 /을/소리를 빼면?	교시	
10	'이불'에서 /을/소리를 빼면?	이부	

TIPS! 학생은 교재를 보지 않은 채 지도자가 문항을 읽어주세요. 학생이 답을 쓰는 경우, 문제를 다 푼 뒤 답을 직접 확인하게 해주세요.

쉬어가기 1

달력을 보고 문제를 풀어보세요. 문제를 다 풀면 비밀번호 중 하나를 알려줄게요.

1월

월	화	수	목	금	토	일
		1 썰매타기	2 할머니 허리 수술	3	4 달리기 대회	5 놀이기구 타기
6 시골 가기	7 설날	8 보일러 수리하기	9 이불 빨래하기	10	11	12

빈칸을 채워 보세요.

1. 일월 칠일 화요일 :

2.　　월　　일　　요일 : 시골 가기

3. 일　　　일 토　　　:　　　　대회

4. 일월 오일　　　　　　:　　　　　타기

5.　월 구　　목요일 :　　빨래하기

6. 일월 이　　목요일 :　　　허리

빈칸을 모두 채웠나요? 노란색 빈칸에 쓰여진 글자가 무엇인가요?
103쪽에 가서 세 번째 자리에 노란색 빈칸에 쓴 글자를 써 주세요.

받침 ㄹ

2 읽기

2-1. 단어 고르기

2-2. 유창하게 읽기

2-3. 짧은 독해

2-1 단어 고르기

단어를 큰 소리로 읽은 뒤 알맞은 단어를 고르세요.

무
물

놀일터
놀이터

콜라
콜랄

줄
주

결우
겨울

달리길
달리기

할늘
하늘

노을
놀을

줄다리기
줄달리기

동화를 정확하고 빠르게 읽어 보세요.

"얘들아 놀러 가자"

"그래! 어디서 놀까?"

"놀이터 어때?"

아이들이 모여서 놀이터에 가기로 해요.

"하늘아 놀러 가자"

"오늘 바빠서 가야 해. 내일 놀자"

하늘이가 내일 놀자 말해요.

"우리끼리 놀자"

"뭐 하고 놀까?"

하늘이 빼고 철수, 도율, 슬기가 놀러 가요.

"그네 탈까?"

"시소 탈까?"

"그네 탈래! 밀어줘"

모여서 탈 놀이 기구를 골라요.

"슬기야 더 세게 밀어줘!"

슬기가 도율이의 그네를 밀어줘요.

"술래놀이할 아이들 모두 모두 모여라"

슬기가 말하자 아이들이 술래놀이를 하러 모여요.

"술래 누가 할래?"

"가위바위보 하자"

가위바위보를 해서 술래를 골라요.

"내가 술래로 걸리다니!"

"슬기가 술래네~"

슬기가 술래가 되어서 투덜거리며 수를 세어요. 하나, 둘.

"우리 기차놀이도 하자"

"내가 줄 가져올게"

철수가 줄 가져와서 모두 기차놀이해요.

"나 물 마실래"

철수가 놀다가 너무 더워서 그늘에서 물 마시며 쉬어요.

"나도 쉴래"

"물 마실래? 콜라 마실래?"

"콜라 마실래. 무지 달다"

철수가 슬기에게 콜라 줘요.

"예슬아~ 소율아~ 이리 와! 놀자"

슬기가 예슬이와 소율이를 놀이터로 불러요.

"예슬아, 소율아 우리 고무줄놀이하자"

"그래!"

여자아이들끼리 모여서 고무줄놀이를 해요.

"우리 달리기도 하자"

"그래! 나 달리기 무지 빨라. 내가 이길걸?"모두 모여 달리

기하기로 해요.

도율이가 일위로 들어오고 철수가 꼴찌로 들어와요.

"야호~ 내가 이기다니! 즐거워!"

"내가 꼴찌라니! 이럴 수가! 줄다리기로 다시 겨루자!"

철수가 도율이에게 줄다리기하자고 해요.

철수와 도율이가 줄다리기를 해요. 이겨라! 이겨라!

"하늘 봐~ 벌써 어두워지네"

"그러게 겨울이라 해가 빨리 지나 봐"

어느새 하늘에 노을이 져요.

"이제 돌아가야 해"

"내일 또 놀자"

어두워져서 내일 또 놀기로 하고 뿔뿔이 헤어져요.

"내일도 모레도 놀이터에서 놀자"

	1차		2차		3차		4차		5차	
	월	일	월	일	월	일	월	일	월	일
(총 601음절)		초		초		초		초		초

TIPS!
1. 유창하게 읽는 것에 어려움을 보이는 학생에게는 끊어 읽을 수 있도록 빗금(/)표시를 해주세요.
2. 제공되는 녹음파일을 활용해 보세요.

2-3 짧은 독해

동화의 일부분을 소리 내어 읽은 뒤 문제를 풀어 보세요. 문제를 다 풀면 비밀번호 중 하나를 알려줄게요.

"얘들아 놀러 가자"

"그래! 어디서 놀까?"

"놀이터 어때?"

아이들이 모여서 놀이터에 가기로 해요.

1. 아이들이 모여서 어디로 갔나요?

① 학교   ② 학원   ③ 놀이터   ④ 키즈카페

TIPS! 문제 읽는 것을 어려워하는 학생의 경우 지도자가 읽어주세요.

"하늘아 놀러 가자"

"오늘 바빠서 가야 해. 내일 놀자"

하늘이가 내일 놀자 말해요.

"우리끼리 놀자"

"뭐 하고 놀까?"

하늘이 빼고 철수, 도율, 슬기가 놀러 가요.

2. 누가 놀이터에 가지 않았나요?

① 철수　　　　　② 도율　　　　　③ 슬기　　　　　④ 하늘

3. 하늘이가 언제 놀자 했나요?

① 오늘　　　　　② 내일　　　　　③ 모레　　　　　④ 글피

"그네 탈까?"

"시소 탈까?"

"그네 탈래! 밀어줘"

모여서 탈 놀이 기구를 골라요.

"슬기야 더 세게 밀어줘!"

슬기가 도율이의 그네를 밀어줘요.

4. 누가 그네를 탔나요?

① 철수   ② 도율   ③ 슬기   ④ 하늘

5. 누가 그네를 밀어줬나요?

① 철수   ② 도율   ③ 슬기   ④ 하늘

"술래놀이할 아이들 모두 모두 모여라"

슬기가 말하자 아이들이 술래놀이를 하러 모여요.

"술래 누가 할래?"

"가위바위보 하자"

가위바위보를 해서 술래를 골라요.

6. 슬기가 무슨 놀이를 하자고 했나요?

① 달리기   ② 줄다리기   ③ 술래놀이   ④ 고무줄놀이

7. 가위바위보로 누구를 골랐나요?

① 일등   ② 술래   ③ 꼴찌   ④ 대장

"내가 술래로 걸리다니!"

"슬기가 술래네~"

슬기가 술래가 되어서 투덜거리며 수를 세어요. 하나, 둘.

"우리 기차놀이도 하자"

"내가 줄 가져올게"

철수가 줄 가져와서 모두 기차놀이해요.

8. 누가 술래가 되었나요?

① 철수   ② 도율   ③ 슬기   ④ 하늘

9. 누가 줄을 가져왔나요?

① 철수   ② 도율   ③ 슬기   ④ 하늘

"나 물 마실래"

철수가 놀다가 너무 더워서 그늘에서 물 마시며 쉬어요.

"나도 쉴래"

"물 마실래? 콜라 마실래?"

"콜라 마실래. 무지 달다"

철수가 슬기에게 콜라 줘요.

10. 철수가 무엇을 마셨나요?

① 콜라　　　　　② 주스　　　　　③ 물　　　　　④ 우유

11. 슬기가 무엇을 마셨나요?

① 콜라　　　　　② 주스　　　　　③ 물　　　　　④ 우유

"예슬아~ 소율아~ 이리 와! 놀자"

슬기가 예슬이와 소율이를 놀이터로 불러요.

"예슬아, 소율아 우리 고무줄놀이하자"

"그래!"

여자아이들끼리 모여서 고무줄놀이를 해요.

12. 슬기가 누구를 불렀나요? (정답 2개)

① 예슬   ② 소연   ③ 슬비   ④ 소율

13. 고무줄놀이를 하지 않은 친구는 누구인가요?

① 예슬   ② 슬기   ③ 도율   ④ 소율

"우리 달리기도 하자"

"그래! 나 달리기 무지 빨라. 내가 이길걸?"

모두 모여 달리기하기로 해요.

도율이가 일위로 들어오고 철수가 꼴찌로 들어와요.

14. 누가 일등으로 들어왔나요?

① 소율　　　　　② 슬기　　　　　③ 도율　　　　　④ 철수

15. 누가 꼴찌로 들어왔나요?

① 예슬　　　　　② 철수　　　　　③ 도율　　　　　④ 슬기

"야호~ 내가 이기다니! 즐거워!"

"내가 꼴찌라니! 이럴 수가! 줄다리기로 다시 겨루자!"

철수가 도율이에게 줄다리기하자고 해요.

철수와 도율이가 줄다리기를 해요. 이겨라! 이겨라!

16. 줄다리기를 하는 친구는 누구인가요? (정답 2개)

① 예슬   ② 철수   ③ 도율   ④ 슬기

"하늘 봐~ 벌써 어두워지네"

"그러게 겨울이라 해가 빨리 지나 봐"

어느새 하늘에 노을이 져요.

17. 동화 속 계절을 골라보세요.

① 봄   ② 여름   ③ 가을   ④ 겨울

18. 노을이 진 하늘은 어떤 색일까요?

① 붉은색   ② 초록색   ③ 검정색   ④ 파란색

"이제 돌아가야 해"

"내일 또 놀자"

어두워져서 내일 또 놀기로 하고 뿔뿔이 헤어져요.

"내일도 모레도 놀이터에서 놀자"

19. 친구들이 왜 헤어졌나요?

① 바빠서　　　　② 어두워져서　　　　③ 힘들어서　　　　④ 싸워서

20. 친구들이 언제 또 놀자 했나요? (정답 2개)

① 오늘　　　　② 내일　　　　③ 모레　　　　④ 글피

문제를 다 풀었나요? 대단해요! 약속대로 비밀번호 중 두 번째 글자를 알려줄게요.
두 번째 글자는 바로 '**가**'에요. 103쪽에 가서 두 번째 글자를 써 주세요.

타 본 놀이기구에 동그라미를 해보세요. 가장 좋아하는 놀이기구에 하트를 해보세요.

메모

받침 ㄹ

3 쓰기

3-1. 단어 쓰기

3-2. 따라 쓰기

3-3. 빈칸 채우기

3-4. 받아쓰기

3-1 단어 쓰기

동화에 나온 단어를 써 보세요.

3 - 2 따라 쓰기

받침 ㄹ

동화 내용을 따라 쓰고 읽어 보세요.

놀이터에 놀러가요.

얘들아 놀러 가자   그래! 어디서 놀까?

놀이터 어때?

아이들이 모여서 놀이터에 가기로 해요.

하늘아 놀러 가자

오늘 바빠서 가야 해. 내일 놀자

하늘이가 내일 놀자 말해요.

우리끼리 놀자

뭐 하고 놀까?

하늘이 빼고 철수, 도율, 슬기가 놀러 가요.

그네 탈까?

시소 탈까?

그네 탈래! 밀어줘

모여서 탈 놀이 기구를 골라요.

슬기야 더 세게 밀어줘!

슬기가 도율이의 그네를 밀어줘요.

술래놀이할 아이들 모두 모두 모여라

슬기가 말하자 아이들이 술래놀이를 하러 모여요.

가위바위보를 해서 술래를 골라요.

내가 술래로 걸리다니!

슬기가 술래네~

슬기가 술래가 되어서 투덜거리며 수를 세어요. 하나, 둘.

우리 기차놀이도 하자

내가 줄 가져올게

철수가 줄 가져와서 모두 기차놀이해요.

철수가 놀다가 너무 더워서 그늘에서 물 마시며 쉬어요.

철수가 슬기에게 콜라 줘요.

예슬아~ 소율아~ 이리 와! 놀자

슬기가 예슬이와 소율이를 놀이터로 불러요.

예슬아, 소율아 우리 고무줄놀이하자   그래!

여자아이들끼리 모여서 고무줄놀이를 해요.

우리 달리기도 하자!

그래! 나 달리기 무지 빨라. 내가 이길걸?

모두 모여 달리기하기로 해요.

도율이가 일위로 들어오고 철수가 꼴찌로 들어와요.

야호~ 내가 이기다니! 즐거워!

내가 꼴찌라니! 이럴 수가! 줄다리기로 다시 겨루자!

철수가 도율이에게 줄다리기하자고 해요.

철수와 도율이가 줄다리기를 해요. 이겨라! 이겨라!

하늘 봐~ 벌써 어두워지네

그러게 겨울이라 해가 빨리 지나 봐

어느새 하늘에 노을이 져요.

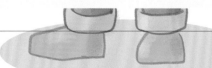

이제 돌아가야 해

내일 또 놀자

어두워져서 내일 또 놀기로 하고 뿔뿔이 헤어져요.

내일도 모레도 놀이터에서 놀자!

쉬어가기 3

숫자 1부터 8까지 순서대로 선을 연결해보세요. 그림을 소리내어 읽어보고 받침[ㄹ]이 있으면 연결하고, 받침[ㄹ]이 없으면 빼고 연결해보세요.

❶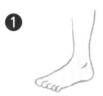

❷

❸

❹

❺

❼

❻

❽

어떤 글자가 보이나요? 103쪽에 가서 네 번째 자리에 보이는 글자를 써 주세요.

3-3 빈칸 채우기

빈칸에 알맞은 단어를 쓰고 읽어보세요.

에 놀러가요.

얘들아 　□□　 가자

그래! 어디서 　□□　?

□□□　 어때?

□□□　 이 모여서 　□□　 에 가기로 해요.

아 놀러 가자

바빠서 가야 해.   놀자

이가   놀자 말해요.

우리끼리 ⬚⬚　뭐 하고 ⬚⬚?

하늘이 빼고 ⬚⬚, ⬚⬚, ⬚⬚가 놀러 가요.

그네 　 　 ?

시소 　 　 ?

그네 탈래! 　 　 　

모여서 　 놀이 기구를 　 　 　 .

☐☐ 야 더 세게 ☐☐☐ !

☐☐ 가 ☐☐ 이의 그네를 밀어줘요.

             할 아이들 모두 모두 모여라

슬기가 말하자 아이들이   를 하러 모여요.

누가 ?

가위바위보 하자

가위바위보를 해서 ☐☐ 를 ☐☐☐ .

내가 ☐☐ 로 걸리다니! ☐☐ 가 ☐☐ 네~

슬기가 술래가 되어서 ☐☐ 거리며 수를 세어요. 하나, ☐.

우리 □□□□ 도 하자!　　내가 □ 가져올게

□□ 가 □ 가져와서 모두 기차놀이해요.

나 [　][　][　][　]

철수가 [　][　][　] 너무 더워서 [　][　]에서

[　] 마시며 쉬어요.

나도 　　 　　 마실래? 　　 마실래?

　　 마실래. 무지 　　

철수가 　　 에게 　　 줘요.

아~ 아~ 이리 와!

슬기가 ☐☐ 이와 ☐☐ 이를 ☐☐☐ 로 불러요.

예슬아, 소율아 우리 □□□□□ 하자   그래!

여자 □□□ 끼리 모여서 □□□□□ 를 해요.

우리 　　　 도 하자!

그래! 나 　　　 무지 　　. 내가 이길걸?

모두 모여 　　　 하기로 해요.

도율이가 ☐☐ 로 들어오고 철수가 ☐☐ 로 들어와요.

야호~ 내가 이기다니! ⬜⬜⬜!

내가 ⬜⬜라니! 이럴 수가!

⬜⬜⬜⬜로 다시 겨루자!

철수가 도율이에게 ⬜⬜⬜⬜하자고 해요.

□□ 와 □□ 이가 □□□□ 를 해요.

이겨라! 이겨라!

□□ 봐~ □□ 어두워지네

그러게 □□ 이라 해가 □□ 지나 봐

어느새 □□ 에 □□ 이 져요.

이제 □□□□ 해 □□ 또 □□

어두워져서 □□ 또 놀기로 하고 □□□ 헤어져요.

내일도 모레도 　　　 에서 놀자!

쉬어가기 4

그림자를 보고 보기에서 이름을 찾아 써보세요.

보기 돌고래, 수달, 말미잘, 말, 코뿔소, 고릴라, 불가사리, 갈매기

이름이 가장 긴 동물을 찾으세요. 103쪽에 가서 첫 번째 자리에 동물 이름의 첫 글자를 써 주세요.

3-4 받아쓰기

동화를 듣고 받아 쓴 뒤 소리 내어 읽어 보세요.

쉬어가기 5

동화를 다 썼나요? 멋져요! 이제 마지막 비밀번호를 알려줄게요.
다섯 번째 글자는 바로 **'발'**이에요. 103쪽에 가서 다섯 번째 글자를 써 주세요.

친구 중 이름에 받침[ㄹ]이 들어가는 친구를 떠올려 보세요.
친구의 얼굴을 그리고 이름을 써 보세요.

메모

상 장

이름:

위 학생은 받침[ㄹ]이 들어가는
동화를 스스로 읽고 쓸 수 있기에
이 상장을 수여함.

20   년   월   일